LES

GRENOUILLES

QUI DEMANDENT

UNE RÉPUBLIQUE

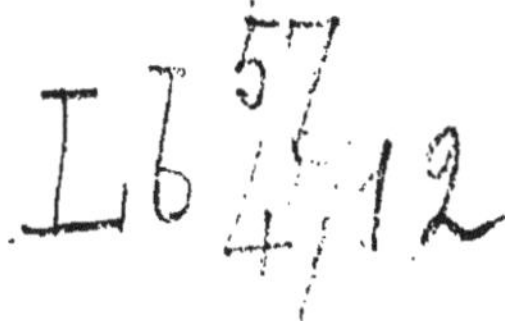

117 — Boulogne (Seine). — Imp. JULES BOYER et Cie.

GABRIEL BOURDIER

LES
GRENOUILLES
QUI DEMANDENT
UNE RÉPUBLIQUE

PRIX : UN FRANC

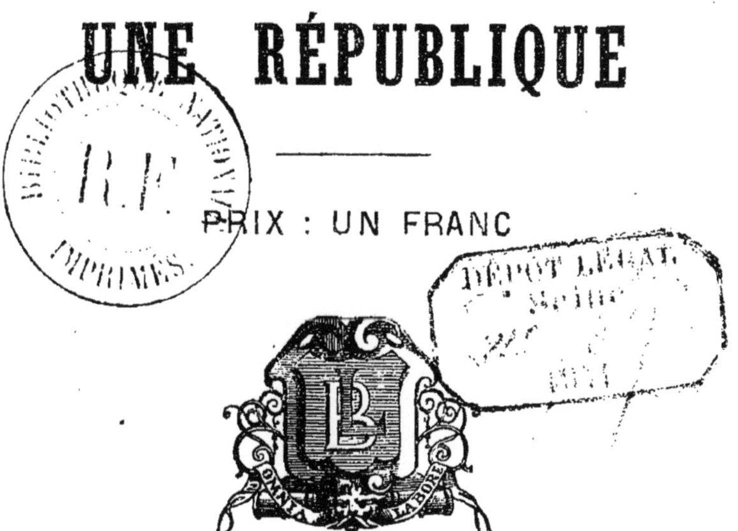

PARIS

LACHAUD et BURDIN

LIBRAIRES-ÉDITEURS

4, PLACE DU THÉATRE-FRANÇAIS, 4

1874

Tous droits réservés

LES GRENOUILLES

QUI DEMANDENT

UNE RÉPUBLIQUE

Les Utopistes en Politique

Le Suffrage Universel

La Presse politique

I

Nos utopistes se sont, depuis bientôt un siècle, livrés à des rêveries sentimentales qui n'ont leur raison d'être que dans le monde idéal de la légende. « Le Gouvernement du pays par le pays ; tout le monde aux affaires : le peuple souverain nommant ses mandataires auxquels il se réserve le droit d'imposer des ordres. »

Tels sont les remèdes qu'ils ont trouvés pour venir en aide aux États qui leur semblaient malades, et pour régénérer les peuples qu'ils croyaient asservis.

Leurs maximes ont eu du bon, car, grâce à elles, le soleil a pu luire un peu pour tout le monde : le prolétaire laborieux a pu, de ce jour, compter sur son travail; et, si nous jetons les yeux sur nos grandes fortunes contemporaines, nous constatons que, pour la majeure partie, elles datent du commencement du siècle. Mais comme ces beaux raisonnements ne reposaient sur aucune logique, ils ont eu le sort des utopies, et, dans leur fatale exagération, sont devenus impraticables.

Le prolétaire laborieux a fait fortune, soit; mais, à côté de cette classe méritante et digne, en tous points, de l'intérêt que le travail et l'intelligence inspirent, il s'est trouvé, dans la proportion de 1 à 10, une classe moins intéressante, et qui, faisant étalage de sa fainéantise, réclama les droits que l'intelligence et le travail seuls devaient exiger; cette plèbe, d'abord, a fait valoir, qu'à défaut d'intelligence, le travail pouvait suffire, et, pour ce faire, elle a trouvé des avocats qui se sont faits, envers et contre tous, ses champions; allant même jusqu'à dire que la seule qualité de prolétaire était un droit souverain : le prolétariat est devenu un honneur, la fortune une honte.

Et, comme il est juste, après tout, que nous soyons tôt ou tard récompensés selon nos œuvres, il a été donné de voir ces beaux défenseurs tomber, l'un après l'autre, dans le plus juste discrédit, abandonnés par ceux-là même dont ils s'étaient faits les partisans. Pas un seul n'est resté sur le pavois, et, si je ne cite pas ces héros brisés par leurs admirateurs, c'est que leur nom est présent à toutes les mémoires, c'est que, de leurs triomphes sans lendemain, il n'est resté pour eux que le remords, pour les leurs, la honte, et pour leurs contemporains, le mépris.

Ces fous furieux de la démagogie sont donc à jamais jugés; ils ont été enveloppés par la tourbe grouillante qu'ils avaient remuée, et, si certains d'entre eux ont été de bonne foi, leur conscience doit être d'autant plus éprouvée, qu'ils se sont vu remplacer par des gens sans aloi, ambitieux tarés, sans passé, sans avenir, et qui marchaient en aveugles, poussés par le flot démagogique qui n'élève ses victimes que pour les engloutir.

Les chefs-de file sont tombés l'un après l'autre, mais le flot démagogique est resté, et, tout en se brisant contre la digue que l'intelligence, le travail et l'honneur lui opposent encore, il la mine peu à peu. Nous savons, par expérience, ce qu'il en coûte pour ramener dans ses limites ce fleuve fangeux; que les vainqueurs de la Commune ne se fassent donc pas illusion, ils ont mal dissimulé la fissure qu'il avait faite à son mur d'enceinte, et le parti conservateur ne saurait trop se tenir sur ses gardes, car les rancunes des malheureuses victimes, qui se sont vues ruinées dans nos discordes civiles, et cela sans compensation, ont encore grossi les rangs du prolétariat d'adhésions d'autant plus fermes, qu'elles ont la ruine pour cause et la vengeance pour mobile.

Il faut même en face d'un désastre, quelque terrible qu'il puisse être, savoir froidement en discuter l'origine, en étudier les causes; ce qui permet d'y apporter plus utilement un remède efficace. Nous avons vu nos monuments incendiés, notre capitale mutilée, nos caisses publiques pillées; et, alors que peut-être le grand parti conservateur eût pu arrêter les bandits qui donnaient libre cours à leurs ressentiments trop longtemps comprimés, le parti conservateur, comme toujours, a laissé faire.

Les domiciles étaient vides, et le bourgeois peureux s'était, dans sa cave, fermé à double tour. La canaille avait donc toute liberté d'action.

Les Rigaud, les Féré, les Ducasse, étaient-ils responsables des incendies qu'ils ont allumés? — Non. Ces vulgaires criminels n'ont, en cela, suivi que leurs instincts où la bestialité dominait. Le crime comme le vice a son origine et ses causes. Ce n'est pas sur la main qui frappe qu'il faut sévir, mais bien sur l'idée qui la pousse.

Ce n'était donc que par ricochet que la justice devait atteindre cette classe d'individus, qui, dans un jour de lâcheté, s'empara de l'Hôtel-de-Ville; ces gens-là n'étaient que l'instrument, et ceux qui ont excité cette horde bestiale sont restés impunis.

Qu'étaient-ils, en effet, pour la plupart, à la veille du 18 mars ? Rigaud et Lermina promenaient leur misère de la brasserie du Rhin à l'académie de l'absinthe ; leur rêve, le matin, était de rencontrer un ami compatissant qui voulût bien leur offrir à déjeuner ; le soir, ils cherchaient un asile après avoir dîné avec un verre d'absinthe ; tous les deux malheureux, mais inoffensifs.

Cette cruelle misère que ces êtres dégénérés supportaient depuis longtemps, les avait rendus propres à tous les métiers, bons ou mauvais.

Et je me rappelle qu'en 1868, Raoul Rigaud disait, devant moi, dans un café de la rue Monsieur-le-Prince : « Je ferais tout pour un déjeuner. J'ai frappé à toutes les portes, sollicité tous les emplois et partout je n'ai rencontré que des refus. »

A quelques jours de là, MM. Gargnier-Pagès et Jules Simon faisaient une conférence dans un atelier de la rue de Picpus.

Alors, ces deux députés trônaient au Corps législatif.

L'Empire avait rendu la bride à ces bouledogues qui depuis trop longtemps rongeaient leur chaîne. Et cette réunion toute philanthropique de la rue de Picpus porta ses fruits. Toute la bohême errante du quartier latin s'y trouvait et lorsque du faux-col de Garnier-Pagès sortirent ces paroles admirables dans leur laconisme : « Nous devons d'abord travailler à renverser ce qui existe, » on se passa de main en main Garnier-Pagès et son faux-col, ainsi que Jules Simon, son obligeant cornac.

Bientôt, l'Empire devenant de plus en plus facile, ces innovateurs eurent de nombreux imitateurs, et, sur tous les points de la capitale, nous vîmes des réunions publiques s'organisant à la suite des tolérances coupables du gouvernement impérial, et, Rigaud, Lermina, Dacosta, Ducasse, Millière et Mme Minck qui *travaillaient* d'après les conseils de MM. Simon et Garnier-Pagès, eurent bientôt supplanté leurs pâles devanciers, dans l'esprit des adhérents qui hantaient ces réunions publiques.

Les élections arrivent, les Picard, les Jules Favre, les Pelletan, les Ollivier, les Garnier-Pagès, Jules Simon et consorts, sont reniés par leurs disciples.

Triste revers d'une médaille si chèrement acquise !

Jules Favre se voit, dans les votes, distancé par un Rochefort ; et, un inconnu, qui n'avait jusqu'alors qu'un passé dont les jours se comptaient pas les pipes qu'il culottait au Procope, était élu dans la première circonscription de Paris.

—Vous savez, lecteurs, de quels qualificatifs le peuple

a décoré Emile Ollivier ; vous savez aussi que la tête de Jules Favre a été mise à prix par les gens de son parti ; vous savez enfin que l'ancien dictateur n'est plus l'homme de la situation, et que Garnier-Pagès est depuis long-temps relégué au musée des Antiques.

Justice fatale et méritée ! Vous encensez cette populace à laquelle vous donnez le nom de peuple. Vous remuez pour elle ciel et terre ; vous prêtez serment à un pouvoir établi pour le trahir ; et cela, non dans l'intérêt du peuple qui se moque de vous, mais pour flatter cette populace dont vous vous faites les chevaliers servants. Le peuple vous abandonne, les honnêtes gens vous méprisent et la populace vous brise.

Certes, lorsque par hasard M. Picard jette les yeux sur le passé ; lorsqu'il se remémore l'époque à laquelle, se démenant dans l'étroite tribune du palais Bourbon, il lançait cette parole aussi mémorable que ridicule : « Je vois sur les murs de ce palais des balances d'or et les attributs de la justice ; et, cependant, vos lois sont iniques, et vous ne faites que du faux-poids. » Certes, dis-je, monsieur Picard doit regretter l'Empire, car alors, ceux qu'il insultait le prenaient pour un homme d'esprit, tandis que depuis...!

Et monsieur Jules Favre ?... dont un public anxieux, buvait les discours, lorsque par hasard il prenait la parole pour flétrir ce qu'il appelait les déprédations ministé-rielles ?... L'Empire a succombé sous les étreintes de ce pédant déguisé en tribun, et cependant... M. Jules Favre que nous avions pu juger en 48 ; M. Jules Favre, qui déjà nous avait prouvé qu'il n'était aux affaires qu'un brouillon, a été vu une seconde fois à l'œuvre. Nous savons tous ce que cet homme de prétoire a pu faire. L'âge chez lui n'avait point comblé les cases vides de son pauvre cerveau, tel nous le vîmes en 48, tel nous l'avons revu en 70, incapable, mais orgueilleux.

M. Jules Favre avait cependant passé le cap des tempêtes ; il n'avait plus pour lui l'excuse de la jeunesse ; en 48, il pouvait être ambitieux, en 70, il ne fut que ridicule. A votre âge, M. Jules Favre, l'ambition a perdu ses droits. — Vos cheveux ont blanchi, et vous avez, je le sais, passé bien des nuits sans sommeil, vous étiez, en effet, si heureux sous l'Empire ; malgré vos attaques qui n'avaient même pas votre franchise pour excuse, le chef de l'Etat, apprenant, un jour, que vous étiez malade, fit prendre avec sollicitude de vos nouvelles ; cette demarche vous flattait, et, dans votre orgueil vous faisiez à Voltaire l'honneur de vous comparer à lui, faisant à l'empereur celui de le comparer au grand Frédérick.

Hélas ! tout cela aujourd'hui est enseveli sous les décombres d'un passé que vous regrettez, car alors, vous étiez sur le pavois, tandis qu'aujourd'hui ceux que vous flattiez vous ont abandonné, et le pouvoir que vous aviez insulté, n'existe plus.

C'est une chose bizarre, n'est-ce pas, que ce destin qui nous pousse, que cette roue de la fortune qui, à sa guise, nous élève au dessus de son moyeu, et qui nous foule ensuite entre le pavé et sa terrible ferrure.

Et cependant, voyez si je suis de ces mesquins esprits qui vous ont méprisé lors que vous fûtes tombé ! Toute votre vie durant, vous n'avez été qu'un incapable pédagogue ; mais, dans votre existence, vous avez eu un suprême moment d'abnégation et de dévouement patriotique ; après avoir au quatre septembre usurpé un pouvoir pour lequel vos faibles épaules n'étaient pas faites ; après avoir joué pendant six longs mois le rôle de pantin politique, voyant que tout s'effondrait autour de vous ; que vos complices n'avaient même pas le courage d'avouer leur incapacité en demandant grâce, nouveau bouc émissaire, vous vous êtes dévoué et vous avez, en désespéré, sollicité du vainqueur cette entrevue de Ferrières, où, rompant en visière avec tous les détours de la diplomatie, vous avez, par vos larmes, apitoyé notre ennemi sur le sort d'un peuple héroïque qui, toujours aveugle même dans son abnégation, vous avait trop longtemps obéi.

Vous avez voulu par cette démarche humiliante racheter un passé coupable, il doit vous en être tenu compte. Ce que vous avez fait, nul ne l'aurait osé faire, car la France entière avait répondu à votre appel ; et, les bataillons improvisés qui marchaient sur votre ordre ont montré par leur énergie et leur courage qu'il est de ces actes héroïques que l'on fait faire ; et pour lesquels une noble nation se lève frémissante ; mais vous n'auriez trouvé personne pour aller pleurer aux genoux de M. de Bismarck.

Il restait donc, pour cette suprême humiliation, vous et vos complices de septembre.

L'un d'eux, voulut donner, la veille, sa démission, d'autres toujours aveugles ou toujours criminels, se montrèrent d'autant plus acharnés dans cette guerre sans issue, qu'ils se sentaient mieux gardés dans leurs palais.

Alors, pour la première fois peut-être, osant envisager en face votre incapacité, vous avez résolu cette démarche ; et c'est vous, vous M. Jules-Favre, qui, un mois avant encore, vous faisiez l'avocat inspiré de l'intégralité du territoire, c'est vous, qui les larmes aux yeux, et les poings rivés, en signe de repentir, au creux de votre estomac, êtes allé solliciter la générosité du vainqueur !

Votre passé, vous l'avez cruellement expié ! mais, du moins, au milieu des injures qui vous ont été prodiguées, cet acte de suprême abnégation vous doit consoler.

Si donc votre exemple pouvait arrêter dans la voie que vous avez parcourue, les incapables de tout acabit dont notre pauvre pays n'a que faire !

Hélas ! et malgré tout, nous nous ferons toujours et sans cesse les admirateurs des charlatans ; vous n'avez pas été le premier et vous voyez assez vous-même dans votre retraite volontaire, que vos imitateurs foisonnent.

II

Voilà les résultats obtenus grâce aux utopies émises par les cerveaux creux qui, sans aucune distinction, ont voulu appeler aux affaires de l'Etat, tous et chacun. Nous avons vu fonctionner cette affreuse soupape, qui s'appelle le suffrage universel.

Certes, dans sa plus sublime acception, le suffrage universel est une divine institution ! Hélas ! cependant, dans la pratique il a le sort de toutes les créations utopiques, il est irréalisable et pernicieux.

Quoi de plus beau, me dira-t-on, quoi de plus parfait qu'un gouvernement qui possède la sanction du peuple qu'il doit diriger? N'a-t-il pas la force quand il possède l'adhésion du pays? A-t-il besoin de s'appuyer sur une garde prétorienne, celui que les suffrages de ses concitoyens ont placé sur le trône ?

Raisonnement de poëte, hallucination de malade !

Le suffrage universel, tel que nous le pratiquons en France, est pernicieux au dernier chef. — Oh! je sais qu'on ne touche pas impunément à cette base sur laquelle se sont appuyés tant de gouvernements, mais là est le mal qui nous dévore, là est la pierre fatale à laquelle tout pouvoir vient tôt ou tard se buter, et les plus fortement assis trouvent en elle leur roche tarpéienne.

Du jour où l'Empire a voulu laisser au suffrage universel sa liberté d'action, l'Empire est tombé; et le dictateur de septembre, dans son gros bon sens, avait un éclair de sens politique pratique, lorsque reniant son passé, abjurant ses faux dieux, il se prit à regarder en face ce mannequin qu'il avait jusqu'alors hissé sur ses épaules, et le mutila : Oui, monsieur De Tours, en cassant impitoyablement les conseillers municipaux qui vous gênaient, en privant du droit de vote les personnalités qui vous offusquaient, vous avez agi en véritable politique, et c'est le seul acte méritant qu'il vous ait été donné d'accomplir pendant votre courte dictature.

Dans sa période de force et de grandeur, l'Empire a voulu concilier la raison d'Etat avec le maintien de ce rouage politique qui devrait avoir fait son temps, puisque depuis qu'il fonctionne il nous a, sans profit pour personne, occasionné trois révolutions. L'Empire nomma des préfets, des sous-préfets et des maires intelligents, dévoués et résolus; les instructions de ces agents administratifs étaient formelles, et des agents en sous-ordres prônaient le candidat patronné par l'Etat. Tout alla bien, d'abord, et le candidat officiel sortit victorieux de l'épreuve.

Bientôt cependant, de timides concurrents se produisirent; les partis qu'ils servaient se sont, eux aussi, procuré des agents, et, les villages dans les campagnes, les ateliers dans les villes, ont dû subir les obsessions de ces racoleurs de votes.

Alors, commença cette course désordonnée où dupeurs et dupés, charlatans et badauds, se donnèrent mutuellement la main pour en arriver aux résultats dont MM. Jules Favre, Simon, Picard et consorts, font aujourd'hui la triste expérience.

Dans les campagnes, le candidat promettait, ici, une église, là, un presbytère, une maison d'école; les paysans votaient, et, toutes ces promesses s'évanouissaient.

Dans les villes, on faisait luire aux yeux de l'ouvrier des espérances aussi ridicules qu'irréalisables, et celui-ci votait; puis, la solde restait la même, et le patron restait patron.

Voilà ce que fut, dans les dernières années de l'Empire, le suffrage universel.

Voyons ce qu'il est aujourd'hui : Les préfets à poigne sont disparus; et, comme on hésite à s'adresser à ceux qui servaient l'Empire, on tâtonne, on cherche et l'on ne trouve pas... Les comités radicaux sont au contraire embrigadés, fonctionnant avec un ensemble merveilleux.

Les malheureux votants sont plus que jamais chauffés à blanc; ils apportent leur vote; et, quand ils se sont bien leurrés d'espérances et de rêves, ils voient ces mêmes députés voter, des deux mains, des impôts exhorbitants dont en somme, les plus lourdes charges retombent sur

le menu fretin des consommateurs qui achète la bougie à la livre, le vin au litre, et la pomme de terre au boisseau.

Voilà ce qu'est à l'heure qu'il est le régime universel; la classe honnête et intelligente s'abstient, la canaille vote; ces prémisses étant posées, que le lecteur en tire lui-même la conclusion.

On a proposé des modifications sensibles, mais il y a, derrière, la meute des charlatans qui sont au pinacle, et tous, oubliant leurs rancunes personnelles pour défendre leur champ de manœuvres, tiennent bon. Ils oublient que ce ressort qui les a faits ce qu'ils sont, demain les peut renverser ; plaçons-nous donc dans l'hypothèse improbable, où certains changements pourraient y être apportés.

Le suffrage restreint a fait ses preuves, et depuis longtemps, à son égard, justice est faite.

Reste le suffrage universel à deux, à trois, même quatre degrés.

Dans un pays comme la France, le succès de cette combinaison semble plus que douteux ; nos paysans subiront toujours l'influence de quelque gros bonnet de l'endroit et, si nous devons admettre que ce notable soit éclairé et honnête, il faut aussi supposer qu'il peut être ignorant et canaille ; dans les deux cas, on obtient un résultat identique, celui qui vote n'est qu'une machine, et l'élection que ces bulletins favorisent est un non-sens.

Dans les villes, chaque électeur se laissera suborner

par son chef de file immédiat : identité de causes, identité de motifs.

Vous suivrez ainsi du premier au dernier degré la même gradation et, en fin de compte, vous aurez une élection qui sera l'œuvre d'une coterie.

Voilà pour le côté théorique.

Quant aux moyens pratiques que cette combinaison peut offrir, j'en connais peu ; ces élections successives sont dispendieuses, longues et difficiles, et, rien ne nous dit que les élus de la veille consentiront à être les électeurs du lendemain. Ne voyons-nous pas déjà nos conseillers généraux n'accepter ce pis-aller que comme un marchepied pour arriver plus haut ; il y aura donc rivalités, jalousies, haines, et nous verrons bientôt, dans notre beau pays de France, des élections à la mode américaine, la canne et le revolver y jouant le rôle principal.

Enfin, certains rénovateurs sont d'avis qu'il faut conserver ce pauvre suffrage universel tel qu'il est, mais l'éclairer ; l'instruction obligatoire, l'éducation laïque doivent opérer des miracles ; c'est M. Jules Simon, du moins, qui l'affirme.

Mais, cette instruction des masses, quand sortira-t-elle son effet ?... et, pendant ce temps ?... — Pendant ce temps, nous aurons des élections stupides ; le premier Mangin venu vous sera lancé à la face par un vote unanime que lui ou ses amis auront su conquérir, vous en avez déjà un exemple frappant ; le parti même qui avait secondé cet instituteur en rupture de tableau, vous a dit qu'en le patronnant, il n'avait voulu que protester.

Voilà donc une institution politique que les imbéciles vénèrent et que les gouvernements supportent, dégénérant en un moyen de protestation.

— N'est-ce pas déjà une institution ridicule ?

— Je vais plus loin, et j'admets avec M. Jules Simon que, grâce à son instruction laïque, obligatoire et gratuite, la masse du peuple en soit arrivée à ce haut degré de connaissances pratiques que ce philosophe retraité semble préconiser. Alors, le suffrage universel ne sera plus seulement ridicule, mais il deviendra pernicieux et immoral ; pernicieux, car, les électeurs, se croyant pour le moins aussi capables que les candidats soumis à leurs suffrages, s'empresseront de voter pour tout autre que pour eux ; bientôt même, l'exemple gagnant, nous verrons en province ce que, du reste, nous avons observé déjà à Paris, des marchands de volaille et des épiciers, briguer les suffrages de leurs concitoyens, et, ces derniers, qui n'en seront même plus à vouloir protester, vous les enverront, se disant, en votant pour eux : « Nommons-les, ils seront drôles. »

Vous aurez enfin voulu que tous et chacun en France puissent être à même d'aspirer aux affaires de l'Etat, vous n'aurez que des candidats et plus d'électeurs.

Les abstentions que vous remarquez déjà, lorsque vous faites le dépouillement d'un scrutin, ne vous montrentelles pas surabondamment à quel point cette institution surannée est tombée en discrédit? N'allez pas attribuer aux causes de ces abstentions des motifs qui n'existent pas. La seule raison en est, dans le ridicule, que cette pauvre institution, digne du reste d'un meilleur sort, s'est acquis auprès de la classe intelligente. Et, vous ne ferez jamais croire à un homme éclairé que le vote d'un ivrogne soit l'égal du sien. Dès lors, ceux qui peuvent se dispenser de voter s'abstiennent, et ceux dont l'abstention serait remarquée, déposent dans l'urne un bulletin blanc. Ce qui fait qu'il ne reste de valables que les bulletins de la canaille.

Votre suffrage universel, avec l'instruction telle que vous l'entendez, deviendra immoral, et je n'en veux la preuve que dans la profonde misère qui étreint nos classes ouvrières.

C'est triste à dire, mais dussent les lettrés de la truelle et du mortier me jeter à la face leur malédiction, je n'hésite pas à déclarer que tous leurs maux proviennent de l'instruction incomplète qu'ils ont reçue ; ils seraient plus terribles encore si nos classes ouvrières avaient l'instruction que M. Jules Simon voudrait leur donner.

La peau d'un lettré est mal à l'aise sous la bure et le coutil, et, dans l'histoire, les Cincinnatus se comptent.

L'enfant que vous prendrez dans son village, l'arrachant à ses troupeaux qu'il garde, pour le soumettre à cette instruction qui le mettra à même, selon vous, de pouvoir plus tard intelligemment voter, deviendra, je le veux avec vous, un savant ; mais de ce jour aussi, laissant pour d'autres lieux le modeste logis qui l'a vu naître, il viendra, s'il connaît un métier, l'exercer en ville ; et, s'il n'en a pas, il se fera commis de magasin ; dans l'un et l'autre cas il aura déserté la ferme où son existence était assurée, pour aller au loin traîner une vie misérable. S'il est d'une nature énergique, il aura le courage de rétrograder dans ce sentier où il se verra dévoyé, il reviendra résolûment dans son pays ; mais, s'il n'a pas ce courage et cette fermeté d'âme, il restera, et, lorsqu'il aura jusqu'au bout subi cette vie de cruelles déceptions, que vos utopies lui auront tracée, il deviendra criminel.

Et voilà ce que vous aurez fait, monsieur Jules Simon.

Grâce à vous, grâce aussi aux intelligents adeptes de vos maximes philanthropiques, notre beau sol qui déjà manque de bras, en sera réduit à se cultiver tout seul. Nous sommes déjà, dans notre commerce et notre industrie, supplantés par des étrangers qui, exploitant nos côtés faibles, ont ramassé ce que nous ne voulions pas prendre ; ils feront valoir nos fermes, s'empareront de nos usines. En France, il n'y aura que des hommes instruits, qui devront tendre la main, pour que l'ignorant veuille bien leur faire l'aumône d'un morceau de pain, et nous devrons suivre la gradation descendante avant que d'en arriver à cette triste extrémité. Le vice, conséquence fatale de la misère instruite, viendra à la rescousse ; la prostitution trouvera des adeptes, et, si nous jetons les yeux sur les statistiques existantes, nous voyons à quel point déjà nous en sommes arrivés : la police recueille le dessus du panier, et si nous ignorons encore les secrets qu'elle ne nous dévoile pas, il nous est permis de supposer à quel point ce vice, conséquence des misères morales et physiques, a pénétré avant dans nos mœurs, et de soupçonner les existences dévoyées qu'il entretient.

Les gouvernements sont friands de ces succès trompeurs que leur donne une élection favorable. Ils oublient facilement, dans la joie de leur triomphe, les petits moyens mis en œuvre pour atteindre ce résultat ; de même, lorsque le clan de l'opposition a le dessus, ils s'exagèrent l'importance de leur défaite. De là, cette fâcheuse condescendance des pouvoirs, qui leur fait combler de faveurs les circonscriptions où la majorité leur fut acquise, au détriment des pauvres départements dont les votes, peut-être, ont été subornés.

C'est donc là une injustice dont la source immédiate découle du suffrage universel.

Dans l'état actuel des choses, quel serait donc le remède à apporter à cette plaie qui nous dévore? — Un bien simple : la suppression radicale du suffrage universel ! Sans doute, cette mesure fera bien des mécontents : l'électeur maniaque profitera de la circonstance pour crier vengeance ; ceux même qui s'abstiennent aujourd'hui réclameront leur droit de vote. Mais un gouvernement ferme et résolu ne doit pas se préoccuper de ces menus détails ; il marche droit, et, derrière lui, la portion du pays qui n'est pas encore gangrenée, emboîte le pas.

L'Empire a fait une triste expérience lorsqu'il s'est résolu à s'appuyer sur cette base glissante : les préfets, les sous-préfets, les maires, et jusques et y compris les juges de paix, devinrent dans les départements de véritables agents électoraux. Bientôt, tout lui fit pressentir que, malgré tout, cette digue serait tôt ou tard impuissante. L'Empire n'osa cependant pas écraser cet ennemi qui se dressait devant lui ; il compta trop sur ses préfets : il fut débordé. Et c'est ne pas comprendre les véritables intérêts du peuple que de lui laisser toute initiative en matière d'élections.

On ne demande pas aux masses un vote aussi complexe que celui qui consiste à choisir des mandataires ; car, dans le nombre, il se trouve toujours de faux prophètes dont les agissements fantaisistes consacrent tôt ou tard le succès. Si, malgré tout, un gouvernement ne peut se passer de ce regain de popularité, dont, il faut le dire, ils sont tous envieux ; s'il veut à tout prix avoir sur son compte la sanction du pays qu'il dirige, le moyen le plus simple encore est de poser une question claire et précise impliquant une réponse par *Oui* ou *Non*.

Les masses, alors, auront leur raison d'être, et l'on

n'en sera pas à se demander, au lendemain d'un vote, ce que les électeurs ont voulu dire.

Le paysan le plus ignorant aura ainsi son libre arbitre; son vote expliquera suffisamment sa pensée, et, en face d'une demande unique, concise et évidente pour chacun, les agents que les partis soudoient n'auront plus leur raison d'être. — Le plébiscite, enfin, est rationnel, le suffrage universel est inique; parce que le premier est une sanction, le second une appréciation. Demandez, en un mot, à la masse si vous lui plaisez, et ne lui demandez pas ce qu'elle préfère. Dans le premier cas, vous aurez la majeure partie des mécontents qui se rallieront à votre cause, hésitant devant l'inconnu; dans le second, vous laisserez libre cours aux utopies, qui, si elles trouvent pour les défendre des avocats audacieux, auront la faveur des masses.

En présence des abstentions nombreuses qui se produisent dans l'état actuel des choses, certains esprits se sont demandé s'il n'y aurait pas un moyen indirect de corriger les inconvénients qu'offre cette institution, et qui sont évidents pour tout le monde; le gouvernement de M. Thiers essaya sans succès d'apporter au droit de vote certaines restrictions. Aujourd'hui, la question est de nouveau à l'étude; et, comme la solution en est embarrassante, on la renvoie à des dates ultérieures : il faudra cependant bien en arriver à regarder en face ce terrible dilemme.

Or, que l'on supprime cette institution, ou que l'on change un simple iota à ses dispositions, le résultat sera le même, et, dans les deux cas, on récoltera des explosions de colère de la part des mécontents, avec cette différence toutefois que si la suppression du suffrage universel est résolue, le mal étant extirpé jusque dans ses racines, on en prendra tôt ou tard son parti, (en France, du reste, cela se passe toujours ainsi), tandis que si l'on maintient l'institution, quelque minimes que soient les suppressions que l'on y fasse, on aura toujours à lutter contre des récriminations sans cesse renaissantes.

Sans doute, il est difficile à une Chambre issue du suffrage universel et qui possède les défauts et les vices de ce même suffrage, de prendre sur elle la responsabilité d'une mesure aussi radicale que celle dont je viens de parler. Mais il existe un moyen terme et son adoption n'est pas au-dessus du courage énergique et du patriotisme de ceux qui ont en mains le pouvoir délibératif.

Un gouvernement qui se partage entre 750 membres n'en est pas un ; et ce n'est pas là le cas d'employer ce vieil adage : de la discussion jaillit la lumière ; le pays justement en éveil à toujours l'œil fixé sur ces délibérations qui ne peuvent qu'être tumultueuses vu l'esprit de parti qui règne en souverain dans ces nombreuses réunions ; la confiance disparaît, le commerce s'annihile, les affaires marchent mal, le vote de demain vient détruire celui d'aujourd'hui, et, plus ira, plus la confusion sera grande.

Bien qu'on en dise, les peuples ont été faits pour obéir; c'est donc un non-sens évident que de les appeler à diriger eux-mêmes leurs destinées ; en France surtout, avec le caractère qui nous est propre, il nous faut une main de fer pour nous diriger; avec l'esprit de soumission nous pouvons accomplir des miracles, tandis que chez nous, un triumvirat même, devient impossible.

Nous avions, avec l'Empire, conquis un semblant de tranquillité, le commerce allait bien, la classe ouvrière et laborieuse trouvait de l'ouvrage parce que les grandes industries qui pouvaient compter sur le lendemain donnaient plus d'essor à leurs entreprises, et cependant, les plus sages devaient pressentir quelque bouleversement dans un temps plus ou moins éloigné ; mais comme tout dépendait, en somme, de la vie du chef de l'État, et, comme on se disait que la mort ne vient pas toujours aujourd'hui pour demain, l'esprit d'initiative reprenant le dessus, tout allait bien.

Aujourd'hui, nous sommes incessamment sur le qui vive; depuis trois années, deux gouvernements sont tombés, et l'on travaille à démolir le troisième. En vérité, il faudrait vraiment être par trop simple pour entreprendre quoi que ce fût, alors que l'on ignore si le pouvoir qui voit lever le soleil ne sera pas déposé le lendemain.

— Voilà donc un point suffisamment établi : le suffrage universel est une institution déplorable ; mais, toute pernicieuse qu'elle soit, comment la remplacer? Rétablirez-vous le césarisme, la dictature à vie? Sans contrôle? me dira-t-on. Et si nous tombons sur un Caracalla, un Néron, un Henri III, un Louis XV? — Triste alternative, je l'avoue; et nous devons trop d'actions de grâces à la Chambre, qui nous a délivrés du gouvernement des Jules, pour ne pas reconnaître qu'il est de ces institutions qui, toutes déplorables qu'elles soient, sont difficiles à remplacer.

Cependant, si nous jetons les yeux sur l'histoire des peuples, nous voyons que, parmi les souverains qui les ont gouvernés, les natures perverses dont je cite plus haut des exemples ont été l'exception, et que jamais république n'a fait d'aussi grandes choses que les gouvernements personnels. D'ailleurs, les individualités disparaissent et les nations survivent; et, si les premières tardent trop, il n'est garde prétorienne si nombreuse qui ne livre au besoin accès, près d'un trône souillé de vices et de crimes, à quelque Charlotte Corday.

Nous trouverons, certes, dans un avenir qui peut-être n'est pas aussi éloigné qu'on le pense, un de ces hommes providentiels qui, prenant en main son courage, osera ramener en France cette paix intérieure après laquelle nous soupirons, imposant à tous cette obéissance dans la loi, qui seule fait le bonheur des peuples; car, avec l'esprit de parti qui nous domine, avec le besoin que le charlatanisme a de se mettre en évidence, nous courons vers un cataclysme.

Quant à présent, du moins, le mieux pour nous est de reculer autant que possible la date de cette dernière catastrophe ; et puisque nous n'avons rien pour remplacer cette institution défectueuse, puisqu'il nous faut vivre avec ce cancer, mettons tout en œuvre, pour que la gangrène ne s'empare de nous.

Vous constatez avec effroi que la partie honorable des électeurs s'abstient au jour des élections. — Rendez le vote obligatoire, et, pour ce faire, votez un impôt sérieux sur les abstentionistes. Nous avons besoin d'argent, cette résolution remplira un double et un excellent but

Vous craignez que ces mêmes abstentionistes, se voyant contraints à voter, ne déposent dans l'urne des bulletins blancs ?

Décrétez que tout bulletin blanc sera acquis au candidat favorable au gouvernement, mettant en pratique ce vieil adage, qui ne pourrait trouver meilleure application que dans le cas présent : « Qui ne dit mot consent. »

On remarque enfin que les votes ne sont pas assez sérieux ? — Que l'on tranche, que l'on coupe, que l'on taille dans ce cadavre ; que l'on épure le suffrage universel, et que, seuls, les citoyens qui remplissent des devoirs puissent exercer leur droit de vote. Que la qualité d'électeur soit exclusivement dévolue aux citoyens qui payent un impôt ou une patente ; que tout électeur ait une profession avouable et évidente, et que la canaille soit écartée des urnes.

Alors, seulement alors, vous aurez peut-être des élections rationnelles, ou du moins elles ne seront pas dérisoires. La province ne vous enverra plus des meuniers et des saltimbanques, et les grandes villes seront moins indignement représentées.

III

Que le gouvernement, enfin, que vous aurez élu, puisque aussi bien nous voulons nous-mêmes choisir les maîtres qui devront nous gouverner, soit fort, honnête et respecté ; que, s'il y a possibilité d'exclure la cabale et la rivalité de parti dans cette suprême et dernière élection, l'homme que vous aurez choisi pour tenir en main les rênes de l'État ne soit pas exposé, du jour au lendemain, à se voir détrôner par un simple contre-vote. Donnez-lui toute liberté d'action, toute initiative, et ne prenez pas la raison d'État pour un non-sens. Dites-vous bien qu'il est de ces secrets que vous ne devez pas connaître, quelles qu'en soient du reste la portée et les conséquences ; les rapports diplomatiques de puissance à puissance, ne se traitent pas sur les places publiques ou dans les carrefours ; et je n'en veux pour preuve que l'exemple de la désastreuse guerre franco-prussienne, qui n'est devenue inévitable que par suite de la publicité donnée dans les séances du Corps législatif à l'incident Hohenzollern. Les difficultés étaient aplanies, le conflit était évité; les deux gouvernements ne demandaient qu'à s'entendre paisiblement.

Mais les vociférations de nos sénateurs qui, sur les chaises curules où se carraient leurs rhumatismes, criaient : à Berlin ! les aboiements turbulents des locataires du palais Bourbon, les bâtards de la presse qui se faisaient l'écho des insensés qui nous représentaient, rendirent inévitable, cette guerre fatale qui devait devenir une horrible boucherie.

On avait exploité les sentiments généreux de la France qui, à son tour, força la main à l'Empereur; celui-ci n'eut d'autre ressource que de s'offrir en victime expiatoire aux passions qu'on avait déchaînées contre lui, et, bien que mortellement atteint d'une maladie implacable, il se précipita les yeux fermés dans ce gouffre où la haine aveugle des partis l'avait poussé.

Je m'arrête ici, lecteurs vous savez le reste.

IV

Une des plaies de l'époque est aussi la grande latitude laissée, on ne sait pourquoi, à ce que l'on est convenu d'appeler la presse politique : sans doute, un gouvernement vraiment fort, peut, dans une juste mesure, tolérer certaines appréciations, mais, là où il doit sévir, et cela sans pitié, c'est lorsque, publiant des faits controuvés, le polémiste est de mauvaise foi. La presse, aujourd'hui, n'est qu'un instrument de discorde ; sans souci de sa dignité, l'écrivain encense le parti qui le paie.

Il y a trente ans, la presse était estimée, respectée, parce qu'elle était représentée par des hommes à convictions, par des écrivains sincères et intègres ; un gouvernement devait s'estimer heureux d'être critiqué par de pareils hommes ; et, les journalistes de la veille étaient parfois les ministres du lendemain ; mais aujourd'hui, que les journaux font de la politique au jour le jour, que la diffamation est sous toutes les plumes, le mensonge dans toutes les consciences, la presse n'a plus de raison d'être, et nous en trouvons la preuve dans l'opinion que le public en a. On ignorait alors les moyens mis en pratique de nos jours par ces industriels, on ne cherchait pas son succès dans les nouvelles à sensations ; chaque lecteur avait son journal, ne lisait que lui, ne pensait que d'après lui, et, comme les journalistes d'alors ne faisaient pas un métier, leurs ennemis mêmes leur devaient leur estime.

Aujourd'hui la tare est à l'ordre du jour, l'insulte est grassement rétribuée, et le mensonge fait fortune. Ce n'est pas que les écrivains les plus en renom soient estimés de ceux qui les lisent, non, et chose curieuse ! les journaux dont le tirage est le plus élevé, sont les plus méprisés.

Triste époque en vérité !

Le public intelligent et qui s'est depuis longtemps fait une juste idée de nos écrivains politiques actuels, n'ouvre jamais un journal, ou du moins s'il n'a rien de mieux à faire, il en lit distraitement la colonne des faits divers.

Le public oisif et qui hante les cafés ou les cercles parcourt les journaux plutôt qu'il ne les lit.

Si la presse n'avait que ce double résultat, toute inutile qu'elle serait, les Gouvernements devraient, loin de lui imposer des restrictions, lui accorder au contraire la plus entière liberté, car, au point de vue financier, elle est d'un excellent rapport.

Mais dans le nombre de ces lecteurs, au jour le jour, se trouvent des jocrisses qui sont prêts à prendre au sérieux les insanités qu'ils découvrent à chaque ligne ; une absurdité les séduit, un paradoxe les transporte, et, dans les jours de trouble, ces gens-là que l'esprit de parti a depuis longtemps subornés, sont capables de tout.

Or c'est à ce point de vue que la presse, telle qu'elle est aujourd'hui, est souverainement pernicieuse et le pouvoir devrait impitoyablement sévir contre ces écrivains méprisables que l'appât du lucre rend crimininels.

V

Dans un pays, enfin, où la passion et l'esprit de parti dominent, il faut un main ferme, une sévérité juste, mais inplacable; à cette condition l'ordre est assuré, et le travail, gage certain de la prospérité, peut espérer reconquérir ses droits.

Le Gouvernement, qui est appelé au terrible honneur de présider aux destinées de semblables pays, doit, dès l'abord, chercher, pour le soutenir, des hommes intègres et dévoués. Cette organisation intérieure est indispensable, et, malgré l'idée généreuse qui a dicté au pouvoir de M. Thiers l'extension donnée aux conseils généraux, une telle mesure a fourni à l'initiative gouvernementale une entrave de plus.

La France n'est pas à l'état de république fédérale, la décentralisation opérée sur ce chef fut donc une erreur capitale.

Les mouvements préfectoraux, les destitutions et les mutations, ont leur bon côté. Mais tout cela ne donne pas à un gouvernement la force et le crédit; si les chefs de division sont à lui, les employés subalternes qui, dans la majeure partie des cas, expédient les affaires, sont peut-être à d'autres; et, c'est pour avoir trouvé des partisans jusque dans les plus infimes ramifications de cette vaste organisation administrative, que l'Empire est resté aussi longtemps un gouvernement fort, et c'est parce qu'il avait su choisir, pour s'en reposer sur eux, des hommes énergiques et dévoués, que la France, grâce à lui, était devenue l'Etat européen le mieux administrativement organisé.

Aussi, entendons-nous de toutes parts, parmi les ennemis même les plus acharnés contre ce pouvoir tombé, cette phrase qui se trouve sur toutes les lèvres : *Il reviendra*. C'est que le commerçant se souvient qu'avec une pareille organisation intérieure, les affaires allaient bien, ce qui faisait rentrer l'argent. Les impôts et les charges ne sont rien, lorsque le travail peut être utilisé, lorsque l'industrie n'est pas sur un qui vive? permanent; et cette stabilité, si nécessaire aux transactions qui font la fortune des peuples, et dont nous ressentons, aujourd'hui même, les effets bienfaisants, puisque nos voisins sont aux abois, tandis que nous sommes encore et malgré tous nos désastres, sur la brèche, ne peut être assurée que par un gouvernement fort dont l'existence ne soit pas à la merci d'une querelle de parti.

C'est ce que, dans notre beau pays de France, les grenouilles ne veulent pas comprendre.

117. — Boulogne (Seine). — Imp. JULES BOYER et Cⁱᵉ.